**Wickeln
Sie sich schlank!**

Low Carb ist genau Ihr Ding, um
die überflüssigen Pfunde loszuwer-
den und Ihren Blutzuckerspiegel im
Zaum zu halten? Doch immer mal wieder
meldet sich diese Lust auf einen Teller
Pasta? Der dürfen Sie dank No-Carb-Nudel
ab jetzt ungehemmt nachgeben: Genie-
ßen Sie Carbonara, Lasagne & Co.
mit Saucen im Low-Carb-For-
mat ganz ohne Reue!

DIE GU-QUALITÄTS-GARANTIE

Wir möchten Ihnen mit den Informationen und Anregungen in diesem Buch das Leben erleichtern und Sie inspirieren, Neues auszuprobieren. Bei jedem unserer Bücher achten wir auf Aktualität und stellen höchste Ansprüche an Inhalt, Optik und Ausstattung. Alle Rezepte und Informationen werden von unseren Autoren gewissenhaft erstellt und von unseren Redakteuren sorgfältig ausgewählt und mehrfach geprüft. Deshalb bieten wir Ihnen eine 100 %ige Qualitätsgarantie.

Darauf können Sie sich verlassen:
Wir legen Wert darauf, dass unsere Kochbücher zuverlässig und inspirierend zugleich sind. Wir garantieren:
- dreifach getestete Rezepte
- sicheres Gelingen durch Schritt-für-Schritt-Anleitungen und viele nützliche Tipps
- eine authentische Rezept-Fotografie

Wir möchten für Sie immer besser werden:
Sollten wir mit diesem Buch Ihre Erwartungen nicht erfüllen, lassen Sie es uns bitte wissen! Wir tauschen Ihr Buch jederzeit gegen ein gleichwertiges zum gleichen oder ähnlichen Thema um. Nehmen Sie einfach Kontakt zu unserem Leserservice auf. Die Kontaktdaten unseres Leserservice finden Sie am Ende dieses Buches.

GRÄFE UND UNZER VERLAG
Der erste Ratgeberverlag – seit 1722.

TITELBILD: LINSEN-NUDEL-SALAT MIT HALLOUMI S. 30

KLEINE **KONJAK**-KUNDE

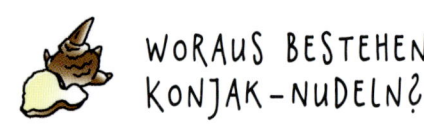

WORAUS BESTEHEN KONJAK-NUDELN?

WO KANN ICH DIE NUDELN KAUFEN?

WIE BEREITE ICH SIE AM BESTEN ZU?

KANN ICH GERICHTE MIT KONJAK-NUDELN NOCH MAL AUFWÄRMEN?

WIE LAGERE ICH ANGEBROCHENE PACKUNGEN?

Die in Asien auch Shirataki genannten Nudeln werden aus dem **Mehl der Konjak-Wurzel**, Wasser und dem Festigungsmittel Calciumhydroxid hergestellt. Da klassische Nudelzutaten wie Weizenmehl und Eier fehlen, ist die Konjak-Nudel extrem kalorienarm, gluten-, fett- und kohlenhydratfrei und auch für Veganer bestens geeignet.

Am leichtesten finden Sie Konjak- oder Shirataki-Nudeln im Asienladen oder in diversen Online-shops. Dort sind sie auch am preisgünstigsten. **Große Supermärkte** haben die Trend-Pasta mittlerweile ebenfalls ins Sortiment aufgenommen. Manche Online-Anbieter zeigen per Laden-finder sogar, welcher Supermarkt in Ihrer Nähe die eigenen Produkte führt.

Wenn Sie **Ihr erstes Päckchen Konjak-Nudeln** in den Händen halten, verabschieden Sie sich als Allererstes von allem, was Sie bisher beim Nudelnkochen beachtet haben: »Al dente garen«, »kalt abschrecken« oder »Nudeln zu lange kochen« gibt es bei der Konjak-Nudel-Zubereitung nicht. Die in Optik und Mundgefühl an Glasnudeln erinnernden Nudeln sind bereits vorgegart und schwimmen in einer Flüssigkeit in einem Plastikbeutel. Sie müssen nur die Packung aufschneiden, den Inhalt in ein Sieb schütten und dann die Nudeln gründlich mit Wasser abwaschen. Das beseitigt auch den fischigen Geruch, der Ihnen eventuell nach dem Öffnen der Packung in die Nase steigt. (Keine Angst, die Nudeln schmecken vollkommen neu-tral.) Nun erhitzen Sie Konjak-Spaghetti oder -Fettuccine ca. 1 Min. in kochendem Wasser, gießen sie ab und servieren sie dann zur Pastasauce Ihrer Wahl bzw. verarbeiten sie zu einem Salat weiter. Mein Tipp: Sie erhitzen die Nudeln ca. 2 Min. in der zubereiteten Sauce. So ver-binden sie sich schön mit der Sauce und nehmen das Aroma gut auf.

Ja! Alle Gerichte, die Sie mit normalen Nudeln ein zweites Mal erwärmen dürfen, können Sie auch mit No-Carb-Pasta nochmals erhitzen – sogar noch einen Tick besser, denn die Konjak-Nudel wird nicht matschig, sondern behält ihre Konsistenz, egal, wie lange sie gekocht wird.

Den Rest einer angebrochenen Packung können Sie mit der Nudelflüssigkeit in einen dicht schlie-ßenden Behälter geben und **im Kühlschrank** bis zu drei Tage aufbewahren. Haben Sie die Flüs-sigkeit schon abgegossen? Dann die übrig gebliebenen Nudeln mit Wasser bedecken.

DAS SCHLANK-GEHEIMNIS

Was hat die Konjak-Nudel, was die klassische Nudel nicht hat? Spaghetti und Fettuccine gelten ja landläufig nicht als Abnehmhelfer auf dem Teller.

WENIG KALORIEN Die No-Carb-Nudel liefert mit 8 kcal pro 100 g kaum Energie, die der Körper in Fettpölsterchen investieren könnte. So fällt selbst der Pastateller mit üppigerer Sauce kaum ins Gewicht. Und gerade weil die Nudel so »light« ist, sollten Sie nicht auch noch anfangen, beim Drumherum mit Nährstoffen zu geizen. Verwöhnen Sie Ihren Körper stattdessen mit hochwertigen Ölen, Eiweiß, Vitaminen und Mineralstoffen – also her mit Nüssen, Fisch, Fleisch, Gemüse und Olivenöl!

VIELE BALLASTSTOFFE Das Mehl der Konjak-Wurzel ist extrem ballaststoffreich. Diese Ballaststoffe in der Nudel heißen Glucomannane und sind bekannt dafür, im Magen um ein Vielfaches aufzuquellen. Deshalb machen sie sehr schnell und lange satt. Vorausgesetzt, Sie trinken ausreichend Flüssigkeit dazu. Die Hersteller empfehlen etwa 200 bis 400 ml Wasser pro 125 g Nudeln, um den Quell- und damit Sättigungseffekt von Konjak-Spaghetti & Co. voll auszuschöpfen. Und natürlich auch, um Verstopfungen vorzubeugen.

BOOSTER-FAKTOR In der Regel schwimmen in einem Päckchen 200 bis 250 g Nudeln – das soll laut Packungsangabe für zwei Portionen reichen. »Werde ich von dieser Mini-Portion satt, die auf einem großen Pastateller kaum zu

finden ist?«, fragen Sie sich vielleicht. Ehrliche Antwort? Allerdings! Selbst wenn Sie zu der Ich-ess-ein-halbes-Päckchen-Nudeln-allein-Fraktion gehören. Das kleine Nudelhäufchen pur sättigt wider Erwarten gut, vor allem, wenn Sie dazu – wie empfohlen – ein, zwei Gläser Wasser trinken. Und es ist egal, ob Sie pro Person nun 100 oder 125 g auf dem Teller liegen haben. Denn das macht ja nur 4 kcal Unterschied aus. Was wichtiger ist: On top habe ich die Nudeln in meinen Rezepten mit reichlich Eiweiß aus Fisch, Fleisch, Hülsenfrüchten, Eiern, Milch- und Sojaprodukten sowie Gemüse kombiniert und aufgepeppt. So werden aus No-Carb-Nudeln abwechslungsreiche Low-Carb-Gerichte, damit eben nicht nur ein armseliges Portiönchen auf Ihrem Teller liegt und Sie gut versorgt mit allen Nährstoffen und angenehm satt vom Tisch aufstehen.

KEINE SCHLANK-GARANTIE Die Konjak-Nudeln helfen genussvoll, Kalorien und Kohlenhydrate einzusparen. Manchmal reicht es aber nicht aus, nur die Nudelsorte auszutauschen. Meine zusätzlichen Tipps, um überschüssiges Fett zu verheizen: Gönnen Sie sich ruhig drei Mahlzeiten am Tag. Bevorzugen Sie dabei Gemüse, Obst, Fisch, Fleisch, Vollkorn- und Milchprodukte, Eier sowie kalt gepresste Pflanzenöle und sagen Sie konsequent »Nein!« zu raffiniertem Zucker, fettem Fleisch sowie Schmalz und Weißmehl. Verzichten Sie möglichst auf Lebensmittel mit künstlichen Zusatzstoffen und auf gezuckerte Getränke. Auch Alkohol sollte das Glas nicht regelmäßig füllen, stattdessen trinken Sie lieber Wasser oder Tee – am besten mindestens 1,5 l pro Tag. Und: Viel Bewegung, ausreichend Schlaf und wenig Stress helfen ebenfalls, schlank zu werden und zu bleiben.

WER PASST ZU WEM?

Lang, kurz, rund, breit oder schmal – jede Nudel hat ihren eigenen Charakter und verträgt sich deshalb nicht mit jeder Sauce oder Zubereitungsart gleich gut.

GLASNUDELN Die Favoriten für die asiatische Küche! Sie eignen sich gut für Gerichte, die mit zarten Geschmacksnuancen spielen, wie z. B. Asia-Nudelsalate mit viel Gemüse oder feine Suppen. Hier sind sie eine tolle Low-Carb-Alternative zur gewohnten Glasnudel – allein schon, weil sie ihr optisch so nahe kommen.

SPAGHETTI Etwas dicker als ihre Hartweizen-Schwestern erinnern sie eher an kurze Spaghettoni. Sie sind die dankbarsten Vertreter der Italo-Konjak-Familie, denn ihr Biss ist nicht ganz so kernig wie bei den breiteren Sorten. Deshalb passen sie prima zu tomatig-gemüsigen und auch sahnig-cremigen Saucen. Sehr lecker sind sie ebenfalls als Basis für Nudelsalate. Mit klassischem Pesto genovese oder rosso wollen sie sich dagegen nicht so recht zu einer mundharmonischen Einheit verbinden. Selbst Konjak-Spaghetti kommen hier meiner Erfahrung nach zu kernig durch. Ein kleiner Trick schafft Abhilfe: Lassen Sie das Öl im Pesto weg, pürieren Sie stattdessen etwas Schmand, Ricotta oder Sahne mit Basilikum & Co. – anschließend die Nudeln mit der Pestocreme in einer Pfanne ca. 2 Min. erhitzen. Dazu passen dann auch breitere Sorten gut.

FETTUCCINE Sie harmonieren perfekt mit deftigen Ragouts und Sahnesaucen. Prima eignen sie sich auch für Aufläufe, denn während der Backzeit können sie die Aromen der anderen Zutaten annehmen. Da die Konjak-Nudeln aber kaum Flüssigkeit aufsaugen, sollte das, was mit ihnen für den Auflauf vermischt wird, eher »trocken« sein. Deshalb z. B. Gemüse nur andünsten, würzen und ohne weitere Flüssigkeit unter die Pasta mengen.

LASAGNEBLÄTTER Im Format sind sie kleiner als die klassischen Blätter, dabei nicht einheitlich in der Größe und sehr glatt. Mit etwas Fingerspitzengefühl lassen sie sich aber gut mit Füllung in eine Form schichten und mit Käse überbacken. Meine Versuche, sie zu Cannelloni aufzurollen, sind allerdings gescheitert. Den Konjak-Blättern fehlen einfach die Klebeeigenschaften der Hartweizennudel.

PENNE Ich habe sie in meinen Rezepten nicht verwendet. Denn Sie finden diese Sorte nur sehr selten. Und möchten Sie wenigstens annähernd das Gefühl haben, eine »echte« Nudel zu essen, dann sind die Konjak-Penne am wenigsten geeignet: zu dick, zu glitschig.

HEISS
AUF FLEISCH

Klassiker
mit Extra-
Kick

FENCHEL-BOLOGNESE
MIT SPAGHETTI

1 Packung Konjak-Spaghetti (250 g Abtropfgewicht) ++ 1 kleine Zwiebel ++ 1 Fenchelknolle ++ 1 EL Olivenöl ++ 250 g Hackfleisch ++ 1 EL Tomatenmark ++ 200 g stückige Tomaten (aus der Dose) ++ Salz ++ Pfeffer ++ ½ TL Fenchelsamen (nach Belieben) ++ frisch geriebener Parmesan zum Bestreuen (nach Belieben)

Für 2 Personen | Zubereitung **30 Min.**
Pro Portion ca. **430 kcal, 28 g EW, 31 g F, 7 g KH**

1 Die Spaghetti in ein Sieb abgießen, kalt abwaschen und abtropfen lassen. Die Zwiebel schälen und klein würfeln. Fenchel putzen, waschen und auf der Gemüsereibe fein raspeln.

2 Das Olivenöl in einer Pfanne erhitzen und das Hackfleisch darin bei starker Hitze krümelig braten. Zwiebel und Fenchel dazugeben und ca. 1 Min. mitbraten. Das Tomatenmark unterrühren und ca. 1 Min. anrösten. Die Dosentomaten dazugeben und alles mit Salz, Pfeffer und nach Belieben mit den Fenchelsamen würzen. Die Sauce aufkochen und ca. 3 Min. köcheln lassen.

3 Die Spaghetti unter die Sauce in der Pfanne mischen und alles noch 2–3 Min. köcheln lassen. Nudeln und Sauce nochmals mit Salz und Pfeffer abschmecken, auf zwei Teller verteilen und nach Belieben mit frisch geriebenem Parmesan bestreut servieren.

PASST AGAVENDICKSAFT IN DIE LOW-CARB-PHILOSOPHIE?

Natürlich enthält er wie Honig Kohlenhydrate. Ich verwende diese Naturprodukte deshalb nur in kleinen Mengen – als Gewürz. Hier hemmen Eiweiß und Fett das rasche Übertreten des Zuckers in die Blutbahn. So hat der Teelöffel Süße kaum Auswirkungen auf den Blutzucker-spiegel – aber auf den Geschmack.

PUTEN-PICCATA

feuriger Italiener

MIT PAPRIKANUDELN

2 dünne Putenschnitzel (à ca. 125 g)
1 Ei (M)
Salz | Pfeffer
50 g frisch geriebener Parmesan
2 EL gemahlene Haselnusskerne
1 Packung Konjak-Spaghetti
   (250 g Abtropfgewicht)
1 kleine Zwiebel

1 gelbe Paprikaschote
2 ½ EL Olivenöl
2 EL scharfes Ajvar
1 TL Agavendicksaft (ersatzweise Honig)
1 TL edelsüßes Paprikapulver

Für 2 Personen | Zubereitung **30 Min.**
Pro Portion ca. **460 kcal, 45 g EW, 27 g F, 7 g KH**

1 Das Fleisch kalt abwaschen und trocken tupfen. Die Schnitzel jeweils quer halbieren.

2 Das Ei in einem tiefen Teller mit Salz und Pfeffer verquirlen. Parmesan und Nüsse auf einem flachen Teller mischen. Die Schnitzel zuerst durchs Ei ziehen, dann in der Käse-Nuss-Mischung wenden, dabei die Panade leicht andrücken. Schnitzel in den Kühlschrank stellen.

3 Spaghetti in ein Sieb abgießen, kalt abwaschen und abtropfen lassen. Zwiebel schälen, vierteln und in schmale Spalten schneiden. Paprika vierteln, von Kerngehäuse und Trennwänden befreien, waschen und quer in dünne Streifen schneiden.

4 ½ EL Olivenöl in einer Pfanne erhitzen und Zwiebel und Paprika darin 2 Min. anbraten. Ajvar und Agavendicksaft dazugeben und 1 Min. mitbraten. 100 ml Wasser angießen. Die Sauce aufkochen und mit Salz, Pfeffer und dem Paprikapulver abschmecken. Die Spaghetti untermischen und in der Sauce köcheln lassen, bis die Schnitzel fertig sind.

5 Restliches Olivenöl in einer zweiten beschichteten Pfanne erhitzen. Die panierten Schnitzel darin bei mittlerer Hitze in ca. 5 Min. von beiden Seiten goldbraun braten. Die Schnitzel mit den Paprikanudeln auf zwei Teller verteilen und sofort servieren.

herb-süßlich

BALSAMICO-NUDELN
MIT HÄHNCHENLEBER

1 Packung Konjak-Spaghetti (250 g Abtropfgewicht) ++ 150 g rote Zwiebeln ++ 2 TL Olivenöl ++ 1 TL Honig ++ 3 EL Aceto balsamico ++ 50 ml roter Portwein ++ Salz ++ Pfeffer ++ 200 g Hähnchenlebern ++ 1 TL getrocknete Gewürz-Blüten-Mischung (Bioladen; ersatzweise Thymian)

Für 2 Personen | Zubereitung **20 Min.**
Pro Portion ca. **280 kcal, 23 g EW, 9 g F, 15 g KH**

1 Die Konjak-Spaghetti in ein Sieb abgießen, kalt abwaschen und abtropfen lassen. Die roten Zwiebeln schälen und in schmale Spalten schneiden.

2 1 TL Olivenöl in einer Pfanne erhitzen und die Zwiebelspalten darin bei starker Hitze ca. 2 Min. anbraten. Den Honig darüberträufeln und leicht karamellisieren, dann die Zwiebeln mit Essig und Wein ablöschen, mit Salz und Pfeffer würzen und ca. 1 Min. bei mittlerer Hitze einkochen lassen. Die Spaghetti unter die Zwiebeln mischen und darin erhitzen.

3 Lebern kalt abwaschen und trocken tupfen. Restliches Öl in einer zweiten Pfanne erhitzen und die Lebern darin bei starker Hitze unter Rühren ca. 3 Min. anbraten, salzen und pfeffern.

4 Die Balsamico-Spaghetti auf zwei Teller verteilen, die gebratenen Hähnchenlebern darauf anrichten und mit der Gewürz-Blüten-Mischung bestreut servieren.

SALSICCE-SPINAT-
LASAGNE

würziges Dream-team

1 Packung Konjak-Lasagneblätter
  (250 g Abtropfgewicht)
2 Knoblauchzehen
250 g Salsicce (rohe ital. Bratwürste;
  ersatzweise mit Fenchelsamen und
  Chiliflocken gewürztes Hackfleisch)
1 TL Olivenöl
1 EL Tomatenmark (nach Belieben)

300 g TK-Blattspinat
Salz | Pfeffer
150 g Ricotta
40 g frisch geriebener Parmesan
Außerdem:
Auflaufform (ca. 15 × 20 cm)
Öl für die Form

Für 2 Personen | Zubereitung **25 Min.** | Backen **25 Min.**
Pro Portion ca. **745 kcal, 36 g EW, 62 g F, 3 g KH**

1 Die Lasagneblätter in ein Sieb abgießen, kalt abwaschen und abtropfen lassen. Den Knoblauch schälen und fein hacken. Die Salsicce an einem Ende aufschneiden und das Brät aus den Wursthäuten herausdrücken. Den Backofen auf 200° vorheizen.

2 Das Olivenöl in einer Pfanne erhitzen und das Wurstbrät darin bei starker Hitze krümelig anbraten. Den Knoblauch und nach Belieben das Tomatenmark dazugeben und ca. 1 Min. mitbraten. Den gefrorenen Spinat in die Pfanne geben und in ca. 5 Min. auftauen lassen. Die Spinat-Wurst-Mischung mit Salz und Pfeffer würzen und abschmecken.

3 Ricotta mit 30 g Parmesan verrühren. Die Auflaufform dünn mit Öl bepinseln. Abwechselnd die Konjak-Lasagneblätter und die Spinat-Wurst-Mischung einschichten, dabei auf dem Spinat-Mix jeweils 1 EL Ricotta verteilen. Mit Spinat-Wurst-Mischung abschließen und darauf den restlichen Ricotta geben. Den übrigen Parmesan aufstreuen und die Lasagne im heißen Ofen (Mitte) in ca. 25 Min. goldbraun überbacken. Aus dem Ofen holen und auf zwei Tellern anrichten.

Klassische Béchamelsauce wird mit Mehl hergestellt. Ich zeige Ihnen mit meiner Ricotta-Parmesan-Variante, wie Sie ratzfatz eine fast kohlenhydratfreie Alternative vom Feinsten zaubern können.

WIESO KOMMT HIER KEINE BÉCHAMEL IN DIE LASAGNE?

FRÜHLINGS-
NUDELSUPPE

grüne
Welle
im
Topf

100 g TK-Blattspinat
1 Packung Konjak-Glasnudeln
  (250 g Abtropfgewicht)
1 Möhre
1 kleiner Kohlrabi
2 Frühlingszwiebeln
1 TL Rapsöl

Salz | Pfeffer
150 g Kalbsbrät (ersatzweise Leber-
  käsbrät oder Hackfleisch)
1 Eigelb
frisch geriebene Muskatnuss
100 g TK-Erbsen

Für 2 Personen | Zubereitung **25 Min.**
Pro Portion ca. **305 kcal, 16 g EW, 21 g F, 12 g KH**

1 Den TK-Spinat in wenig kochendem Wasser nach Packungsanweisung zubereiten.

2 Dann die Glasnudeln in ein Sieb abgießen, kalt abwaschen und abtropfen lassen, nach Belieben kleiner schneiden. Die Möhre und den Kohlrabi putzen, schälen und sehr fein würfeln. Frühlingszwiebeln putzen, waschen und in dünne Ringe schneiden.

3 Das Öl in einem Topf erhitzen. Möhre, Kohlrabi und Frühlingszwiebeln darin bei mittlerer Hitze unter Rühren ca. 2 Min. anbraten. 1 l heißes Wasser angießen, salzen, pfeffern und zum Kochen bringen. Gemüse darin 4–5 Min. garen.

4 Inzwischen den aufgetauten Spinat sehr gut ausdrücken, mit Brät und Eigelb in eine Schüssel geben und pürieren. Die Masse mit Salz, Pfeffer und Muskat würzen und abschmecken. Falls Sie Hackfleisch verwenden, die Masse ruhig kräftig würzen.

5 Die Erbsen tiefgekühlt in die Suppe geben. Mit einem Teelöffel kleine Nocken von der Brätmasse abstechen und in die heiße Brühe gleiten lassen. Glasnudeln dazugeben. Die Suppe bei mittlerer Hitze in ca. 5 Min. gar ziehen lassen, mit Salz und Pfeffer abschmecken und servieren.

CARBONARA MIT LAUCH

1 Packung Konjak-Spaghetti (250 g Abtropfgewicht) ++ 1 dünne Stange Lauch ++ 2 Eigelb ++ 75 g Sahne ++ 3 EL frisch geriebener Parmesan ++ Salz ++ Pfeffer ++ 1 EL Olivenöl ++ 100 g rohe Schinkenwürfel (ersatzweise gekochte Schinkenwürfel)

Für 2 Personen | Zubereitung **20 Min.**
Pro Portion ca. **275 kcal, 15 g EW, 21 g F, 2 g KH**

1 Die Spaghetti in ein Sieb abgießen, kalt abwaschen und abtropfen lassen. Lauch putzen, längs aufschneiden, gründlich waschen und quer in Ringe schneiden.

2 Die Eigelbe mit der Sahne und 2 EL Parmesan verquirlen und mit Salz und Pfeffer würzen.

3 In einer Pfanne das Olivenöl erhitzen, die Schinkenwürfel darin in 1–2 Min. knusprig anbraten und auf einen Teller geben. Im Bratfett den Lauch ca. 2 Min. anbraten. Nudeln in der Pfanne mit dem Lauch mischen und in ca. 1 Min. heiß werden lassen. Schinkenwürfel und Eier-Sahne zur Nudel-Lauch-Mischung geben, alles gut vermengen und zugedeckt bei schwacher Hitze ca. 3 Min. ruhen lassen, bis sich die Sahne mit den Nudeln verbunden hat, die Eigelbe aber nicht stocken. Nudeln auf zwei Teller verteilen und mit restlichem Parmesan bestreut servieren.

SPAGHETTI
MIT KÜRBISBÄLLCHEN

Herbst-hit

1 Packung Konjak-Spaghetti
  (250 g Abtropfgewicht)
½ kleiner Hokkaidokürbis (ca. 250 g)
1 Knoblauchzehe
½ TL Koriandersamen
200 g Hackfleisch

1 Ei (S)
Salz | Pfeffer
2 EL Olivenöl | 1 kleine Zwiebel
1 Dose stückige Tomaten (ca. 400 g)
½ TL Fenchelsamen (nach Belieben)
2 Stängel Basilikum

Für 2 Personen | Zubereitung **35 Min.**
Pro Portion ca. **465 kcal, 27 g EW, 33 g F, 10 g KH**

1 Die Spaghetti in ein Sieb abgießen, kalt abwaschen und abtropfen lassen. Das Kürbisstück waschen, harte Stellen an der Schale entfernen, Kerne und alle Faserteile herauskratzen. Das Kürbisfruchtfleisch (ca. 150 g) auf der Gemüsereibe fein raspeln.

2 Den Knoblauch schälen und fein hacken. Koriandersamen im Mörser anquetschen. Hackfleisch, Kürbis, Knoblauch, Ei, Koriandersamen, Salz und Pfeffer in einer Schüssel mit den Händen gut zu einer weichen Masse vermischen, dann ca. 2 cm große Bällchen formen.

3 1 EL Öl in einer beschichteten Pfanne erhitzen. Bällchen darin bei mittlerer Hitze in ca. 10 Min. rundherum goldbraun anbraten und dabei mit zwei Gabeln immer wieder weiterdrehen. Es ist kein Problem, wenn die Bällchen dabei zu etwas flacheren Frikadellen werden.

4 Inzwischen die Zwiebel schälen und fein würfeln. Übriges Öl in einem Topf erhitzen. Zwiebelwürfel darin glasig dünsten. Die Tomaten aus der Dose dazugeben und mit Salz, Pfeffer und nach Belieben auch mit Fenchelsamen würzen. Sauce aufkochen und ca. 3 Min. köcheln lassen.

5 Spaghetti in die Sauce geben und darin mitköcheln lassen, bis die Hackbällchen fertig sind. Spaghetti nochmals abschmecken, auf zwei Teller verteilen, die Hackbällchen darauf anrichten. Basilikum waschen und trocken schütteln. Blätter abzupfen, hacken und darüberstreuen.

KNACKIG

VEGETARISCH

BETE-CARPACCIO

Think pink!

MIT GORGONZOLA-NUDELN

2 Rote-Bete-Knollen ++ 1 EL Olivenöl ++ 1 Packung Konjak-Fettuccine (250 g Abtropfgewicht) ++ 100 g Gorgonzola ++ 100 ml Milch ++ 50 g Mascarpone ++ Salz ++ Pfeffer ++ 2 EL Walnusskerne

Für 2 Personen | Zubereitung **20 Min.**
Pro Portion ca. **485 kcal, 16 g EW, 39 g F, 15 g KH**

1 Die Rote-Bete-Knollen putzen, schälen und quer in 1–2 mm dünne Scheiben schneiden oder hobeln. Das Olivenöl in einer Pfanne erhitzen. Die Rote-Bete-Scheiben darin in ca. 8 Min. bei mittlerer Hitze unter gelegentlichem Wenden weich braten.

2 Inzwischen die Konjak-Nudeln in ein Sieb abgießen, kalt abwaschen und abtropfen lassen. Den Gorgonzola würfeln und mit Milch und Mascarpone in einem Topf aufkochen. Die Mischung bei mittlerer Hitze köcheln lassen, bis der Käse geschmolzen ist.

3 Fettuccine in die Gorgonzolasauce geben und darin bei mittlerer Hitze unter Rühren köcheln lassen, bis die Rote-Bete-Scheiben in der Pfanne weich gebraten sind.

4 Dann Nudeln und Rote-Bete-Scheiben mit Salz und Pfeffer würzen. Die Rote-Bete-Scheiben auf zwei Tellern kreisförmig leicht überlappend als Rand auslegen. Die Nudeln in die Mitte setzen. Die Walnusskerne hacken, darüberstreuen und alles sofort servieren.

GEMÜSE-FETTUCCINE

Asia-Style

MIT TOFU-SATÉ

200 g Tofu
2 TL grüne Currypaste
1 EL Honig
4 TL Sojasauce
150 g Kokosmilch
1 Packung Konjak-Fettuccine
  (250 g Abtropfgewicht)
1 Stück frischer Ingwer (ca. 2 cm)

1 Knoblauchzehe
1 rote Spitzpaprika (ca. 75 g)
1 kleiner Zucchino (ca. 200 g)
2 EL Erdnussöl (ersatzweise Rapsöl)
3 EL Erdnusscreme
2 TL Limettensaft
Außerdem:
4 lange Holzspieße

Für 2 Personen | Zubereitung **30 Min.** | Marinierzeit mind. **1 Std.**
Pro Portion ca. **580 kcal, 23 g EW, 45 g F, 19 g KH**

1 Den Tofu trocken tupfen und in ca. 2 cm große Würfel schneiden. 1 TL Currypaste mit Honig, 2 TL Sojasauce und 2 EL Kokosmilch verrühren. Den Tofu mit der Marinade mischen und mind. 1 Std., am besten über Nacht, marinieren, dann abtupfen und auf die Spieße stecken.

2 Die Konjak-Nudeln in ein Sieb abgießen, kalt abwaschen und abtropfen lassen. Den Ingwer schälen und fein reiben. Den Knoblauch schälen und klein würfeln. Die Spitzpaprika längs halbieren, von Kerngehäuse und weißen Trennwänden befreien und quer in dünne Streifen schneiden. Zucchino waschen, putzen, längs halbieren und quer in dünne Scheiben schneiden.

3 1 EL Erdnussöl in einer Pfanne erhitzen. Paprikastreifen, Zucchinischeiben, Knoblauch und Ingwer darin ca. 3 Min. anbraten. Die restliche Kokosmilch angießen, die Erdnusscreme und die übrige Currypaste einrühren. Die Gemüsesauce aufkochen, die Konjak-Nudeln dazugeben und alles noch ca. 3 Min. bei mittlerer Hitze köcheln lassen.

4 Inzwischen das restliche Öl in einer zweiten Pfanne erhitzen und die Tofuspieße darin in ca. 4 Min. bei mittlerer Hitze rundherum anbraten. Gemüse-Nudeln mit übriger Sojasauce und Limettensaft abschmecken und mit den Spießen auf zwei Tellern anrichten.

TEX-MEX-
NUDELAUFLAUF

Chili con Konjak

1 Packung Konjak-Fettuccine
  (250 g Abtropfgewicht)
1 kleine Zwiebel
1 rote Paprikaschote
100 g Kidneybohnen (aus der Dose)
100 g Maiskörner (aus der Dose)

1 TL Olivenöl | 1 EL Tomatenmark
Salz | Pfeffer
½ TL Chiliflocken
150 g saure Sahne | 75 g Cheddarkäse
Außerdem:
Auflaufform (ca. 25 cm Ø)

Für 2 Personen | Zubereitung **15 Min.** | Backen **25 Min.**
Pro Portion ca. **485 kcal, 18 g EW, 31 g F, 27 g KH**

1 Die Konjak-Nudeln in ein Sieb abgießen, kalt abwaschen und abtropfen lassen. Die Zwiebel schälen und fein würfeln. Paprikaschote halbieren, von Kerngehäuse und weißen Trennwänden befreien, waschen und in ca. 1 cm große Würfel schneiden. Die Kidneybohnen und Maiskörner in einem Sieb kalt abwaschen und gut abtropfen lassen.

2 Den Backofen auf 200° vorheizen. Das Öl in einer Pfanne erhitzen. Zwiebel- und Paprikawürfel darin ca. 2 Min. anbraten. Tomatenmark unterrühren und ca. 1 Min. mitbraten, dann Mais und Bohnen dazugeben und das Gemüse mit Salz, Pfeffer und Chiliflocken pikant abschmecken. Die Nudeln unter das Gemüse mischen und ca. 1 Min. darin erhitzen.

3 Die Nudel-Chili-Mischung in die Auflaufform füllen und die saure Sahne darauf verstreichen. Den Cheddar fein reiben, aufstreuen und den Auflauf im heißen Ofen (Mitte) in ca. 25 Min. goldbraun überbacken. Den fertigen Auflauf aus dem Ofen holen, auf zwei Tellern anrichten und servieren. Dazu schmeckt ein gemischter Salat.

LINSEN-NUDEL-SALAT
MIT HALLOUMI

am besten
lauwarm

125 g Beluga-Linsen
1 Packung Konjak-Spaghetti
   (250 g Abtropfgewicht)
½ reife Mango
1 Frühlingszwiebel
1 kleine rote Chilischote

1 TL Agavendicksaft (ersatzweise
   Honig)
2 EL Aceto balsamico | 2 ½ EL Olivenöl
Salz | Pfeffer
150 g Halloumi
½ TL getrockneter Oregano

Für 2 Personen | Zubereitung **40 Min.**
Pro Portion ca. **310 kcal, 16 g EW, 16 g F, 22 g KH**

1 Die Linsen in einem Topf mit Wasser bedecken und aufkochen. Hitze reduzieren und die Linsen zugedeckt bei schwacher Hitze in 20–30 Min. gar kochen. Inzwischen die Konjak-Spaghetti in ein Sieb abgießen, kalt abwaschen und abtropfen lassen.

2 Die Mango schälen, dann das Fruchtfleisch vom Stein schneiden und klein würfeln. Die Frühlingszwiebel putzen, waschen und in dünne Ringe schneiden. Die Chilischote halbieren, von Samen und weißen Trennwänden befreien, waschen und sehr klein würfeln.

3 Chiliwürfel in einem Schälchen mit Agavendicksaft, Aceto balsamico und 2 EL Olivenöl verquirlen und das Dressing mit Salz und Pfeffer abschmecken. Die Linsen in ein Sieb abgießen und kurz abtropfen lassen. Linsen zurück in den Topf geben, mit Konjak-Spaghetti und dem Dressing mischen und nochmals mit Salz und Pfeffer abschmecken.

4 Halloumi in 1 ½ cm große Würfel schneiden. Das restliche Öl in einer beschichteten Pfanne erhitzen und die Halloumiwürfel darin bei mittlerer Hitze goldbraun anbraten, mit Oregano bestreuen. Den Linsen-Nudel-Salat in Gläser oder auf Teller geben, die Mangowürfel darauf verteilen, Frühlingszwiebelringe aufstreuen und den Salat mit den Halloumiwürfeln toppen.

MEINE ASIA-VARIANTE

Die Spaghetti durch Konjak-Glasnudeln ersetzen. Fürs Dressing die Chiliwürfel mit 1 TL Agavendicksaft, 2 EL Sesamöl und 3 EL heller Sojasauce verrühren. Als Topping 16 aufgetaute küchenfertige TK-Garnelen in 1 Spritzer Agavendicksaft und 1 Prise Chiliflocken wenden. Dann in 1 TL Rapsöl anbraten, salzen und auf den Salat setzen.

AUBERGINEN

griechisch
inspiriert

MIT FETA-STREUSELN

1 Packung Konjak-Spaghetti
(250 g Abtropfgewicht)
1 Aubergine
1 kleine Zwiebel
2 EL Olivenöl
1 EL Tomatenmark | ½ TL Harissa
Salz | Pfeffer

2 EL Walnusskerne
1 TL frisch gehackte Minze (ersatzweise getrocknete)
50 g Schafskäse (Feta)
1 Dose stückige Tomaten (400 g)
1 TL gemahlener Kreuzkümmel
Außerdem:
Auflaufform (ca. 25 cm Ø)

Für 2 Personen | Zubereitung **30 Min.** | Backen **35 Min.**
Pro Portion ca. **325 kcal, 11 g EW, 23 g F, 13 g KH**

1 Die Spaghetti in ein Sieb abgießen, kalt abwaschen und abtropfen lassen. Die Aubergine waschen und mitsamt dem Stielansatz längs halbieren. Die Hälften mit einem scharfkantigen Löffel oder einem spitzen, scharfen Messer bis auf einen ca. 1 cm breiten Rand aushöhlen. Das herausgeschnittene Auberginen-Fruchtfleisch klein würfeln.

2 Den Backofen auf 200° vorheizen. Die Zwiebel schälen und klein würfeln. 1 EL Öl in einer Pfanne erhitzen. Die Zwiebel- und die Auberginenwürfel darin ca. 1 Min. anbraten. Tomatenmark und Harissa unterrühren und ca. 1 Min. mitbraten. Spaghetti unter die Gemüsemischung heben, alles mit Salz und Pfeffer würzen und in die Auberginenhälften füllen.

3 Walnüsse hacken und mit der Minze darüberstreuen. Feta mit einer Gabel grob zerkrümeln.

4 Die Tomaten in die Auflaufform geben und mit Salz, Pfeffer und Kreuzkümmel abschmecken. Die Auberginen in die Form setzen, mit den Fetakrümeln bestreuen und mit restlichem Olivenöl beträufeln. Auberginen im heißen Backofen (Mitte) ca. 25 Min. backen, dann noch ca. 10 Min. im ausgeschalteten Ofen nachziehen lassen. Die gebackenen Auberginen aus dem Ofen holen und mit der Tomatensauce auf zwei Tellern anrichten.

MEIN DEKO-TIPP
So werden die Törtchen partytauglich aufge-
hübscht: Cocktailtomaten und Mini-Mozzarella-
Kugeln halbieren, die Hälften mit 1 Basilikumblatt
aufspießen und in die Törtchen stecken.

NUDELTÖRTCHEN

mit Ricotta in Topform

TRICOLORE

1 Packung Konjak-Fettuccine
(250 g Abtropfgewicht)
½ Zucchino (ca. 150 g)
1 Knoblauchzehe
1 kleiner Zweig Rosmarin
1 EL Olivenöl
Salz | Pfeffer

200 g stückige Tomaten (aus der Dose)
1 TL getrockneter Oregano
100 g Ricotta | 2 Eier (M)
3 EL frisch geriebener Parmesan
Außerdem:
Muffinform | Olivenöl für die Form

Für 2 Personen | Zubereitung **20 Min.** | Backen **25 Min.**
Pro Portion ca. **355 kcal, 18 g EW, 26 g F, 8 g KH**

---

1 Den Backofen auf 200° vorheizen. Sechs Mulden der Muffinform mit Öl ausstreichen. Die Konjak-Fettuccine in ein Sieb abgießen, kalt abwaschen und abtropfen lassen. Den Zucchino putzen, waschen und quer in 12 ca. ½ cm dicke Scheiben schneiden. Knoblauch schälen und hacken, Rosmarin waschen und trocken schütteln. Nadeln abstreifen und fein hacken.

2 Das Öl in einer Pfanne erhitzen. Die Zucchinischeiben darin bei mittlerer Hitze ca. 3 Min. anbraten, bis sie leicht gebräunt sind, Knoblauch und Rosmarin ganz kurz mitbraten. Die Zucchinischeiben damit vermischen und mit Salz und Pfeffer kräftig würzen.

3 Die Tomaten kurz in ein Sieb gießen, dann in einer Schüssel mit dem Oregano verrühren. Die Fettuccine untermischen und alles mit Salz und Pfeffer abschmecken. Die Hälfte des Ricottas mit Eiern und Parmesan glatt verrühren, salzen und pfeffern.

4 In die sechs Muffinmulden je 1 Zucchinischeibe legen, je 1 kleinen Klecks vom restlichen Ricotta daraufgeben, je ein Zwölftel der Tomatennudeln einschichten und je 1 EL Ricotta-Eier-Guss darauf verteilen. Alle Zutaten in derselben Reihenfolge noch einmal einschichten. Die Nudeltörtchen im heißen Backofen (Mitte) ca. 25 Min. backen, bis der Eierguss gestockt ist. Die fertigen Törtchen vorsichtig aus der Form lösen und z. B. mit einem Blattsalat servieren.

VERFÜHRERISCH
MIT FISCH

AGLIO E OLIO
MIT MEERESFRÜCHTEN

Knofi
de luxe

1 Packung Konjak-Spaghetti (250 g Abtropfgewicht) ++ 5 Knoblauchzehen ++ ½ rote Chili-schote ++ 8 Stängel glatte Petersilie ++ 4 in Öl eingelegte, getrocknete Tomaten (+ 3 EL Toma-tenöl) ++ 300 g aufgetaute, küchenfertige TK-Meeresfrüchte ++ 4 EL Olivenöl ++ Salz ++ Pfeffer

Für 2 Personen | Zubereitung **15 Min.**
Pro Portion ca. **480 kcal, 25 g EW, 37 g F, 5 g KH**

1 Die Konjak-Spaghetti in ein Sieb abgießen, kalt abwaschen und abtropfen lassen. Den Knob-lauch schälen und quer in dünne Scheiben schneiden. Die halbe Chilischote von Kernen und weißen Trennwänden befreien und in sehr feine Würfel schneiden.

2 Die Petersilie waschen und trocken schütteln. Die Blättchen abzupfen und fein hacken. Die getrockneten Tomaten abtropfen lassen, dabei das Öl auffangen. Tomaten in Streifen schneiden.

3 Die Meeresfrüchte in einem Sieb kalt abwaschen und mit Küchenpapier trocken tupfen.

4 Das Olivenöl in einer Pfanne erhitzen, die Knoblauchscheiben darin bei mittlerer Hitze braten, bis sie anfangen zu bräunen. Chili, Meeresfrüchte und getrocknete Tomaten dazugeben und ca. 2 Min. mitbraten. Spaghetti und Petersilie untermischen und ca. 1 Min. erhitzen. Alles mit Salz, Pfeffer und etwas Tomatenöl abschmecken, auf zwei Tellern anrichten und servieren.

SALTIMBOCCA
MIT FETTUCCINE

Mit Pilz-Pesto – mmh!

1 Packung Konjak-Fettuccine
  (250 g Abtropfgewicht)
4 Stängel glatte Petersilie
100 g Champignons
1 Knoblauchzehe
3 EL Walnusskerne
60 g Schmand

Salz | Pfeffer
4 Schollenfilets (à ca. 100 g)
4 dünne Scheiben Parmaschinken
4 Salbeiblätter
2 EL Olivenöl
Außerdem:
4 Holzspießchen

Für 2 Personen | Zubereitung **20 Min.**
Pro Portion ca. **535 kcal, 48 g EW, 35 g F, 4 g KH**

1 Die Konjak-Fettuccine in ein Sieb abgießen, kalt abwaschen und abtropfen lassen. Die Petersilie waschen und trocken schütteln. Die Blättchen abzupfen.

2 Die Champignons trocken abreiben, putzen und vierteln. Knoblauch schälen, grob zerkleinern und mit 2 EL Walnusskernen, Schmand, Petersilieblättchen und Champignons in einen hohen Rührbecher geben. Alles mit dem Pürierstab fein pürieren. Das Pilz-Pesto mit Salz und Pfeffer abschmecken und mit den Konjak-Fettuccine in einer Pfanne mischen. Alles bei mittlerer Hitze unter gelegentlichem Rühren erhitzen, bis der Fisch fertig ist.

3 Inzwischen die Schollenfilets kalt abwaschen, mit Küchenpapier trocken tupfen und mit Salz und Pfeffer würzen. Jedes Fischfilet mit 1 Scheibe Parmaschinken und 1 Salbeiblatt belegen und beides mit einem Holzspießchen am Fischfilet feststecken. Übrige Walnusskerne hacken.

4 Das Öl in einer Pfanne erhitzen, die Fischfilets mit der Salbeiseite nach unten hineinlegen und ca. 1 Min. anbraten. Filets wenden und in ca. 1 Min. fertig braten. Die Nudeln auf zwei Teller verteilen, je 2 Fischfilets darauf anrichten und das Gericht mit Walnüssen bestreut servieren.

ASIA-NUDELPFANNE
MIT GARNELEN

würzig-feine Kombi

1 Packung Konjak-Spaghetti (250 g Abtropfgewicht; ersatzweise Konjak-Glasnudeln)
1 Brokkoli (ca. 300 g)
200 g aufgetaute küchenfertige
  TK-Garnelen
90 g Mungobohnensprossen (aus dem Glas)

1 Stück frischer Ingwer (ca. 1 cm)
2 Knoblauchzehen
1 EL Rapsöl
3 EL Sojasauce
2 EL Sesamöl
1 EL Limettensaft

Für 2 Personen | Zubereitung **25 Min.** |
Pro Portion ca. **280 kcal, 19 g EW, 17 g F, 9 g KH**

1 Die Konjak-Nudeln in ein Sieb abgießen, kalt abwaschen und abtropfen lassen. Den Brokkoli waschen, putzen und in Röschen teilen. Den Stiel schälen und in 1–2 cm große Würfel schneiden.

2 Die Garnelen in einem Sieb kalt abwaschen, auf ein Brett geben und mit Küchenpapier gründlich trocken tupfen. Die Sprossen in das Sieb abgießen und gut abtropfen lassen. Den Ingwer schälen und fein hacken. Die Knoblauchzehen schälen.

3 Im Wok oder in einer weiten Pfanne das Rapsöl erhitzen, den Knoblauch durch die Presse dazudrücken und darin bei mittlerer Hitze braten, bis er goldbraun ist. Knoblauch dann mit einem Löffel vorsichtig aus der Pfanne fischen und auf einer Lage Küchenpapier beiseitelegen.

4 Die Garnelen ins heiße Fett geben und ca. 1 Min. anbraten. Den Brokkoli dazugeben und bei mittlerer Hitze 2–3 Min. mitbraten. Inzwischen Sojasauce, Sesamöl, Ingwer und Limettensaft verrühren, in die Pfanne geben und gut untermischen. Alles zugedeckt ca. 4 Min. garen. Dann Nudeln und Sprossen unterheben und alles offen weitere 2–3 Min. bei mittlerer bis starker Hitze braten. Sollte dabei zu viel Flüssigkeit verdunsten, noch 1–2 EL Wasser zugeben. Die Asia-Nudelpfanne auf zwei Teller verteilen und mit dem gebratenen Knoblauch bestreut servieren.

NUDELTÜRMCHEN

feiner
Hoch-
stapler

MIT LACHS

1 Packung Konjak-Lasagneblätter
  (250 g Abtropfgewicht)
1 Kohlrabi (ca. 300 g)
Salz | ½ Bio-Zitrone
250 g Lachsfilet
Pfeffer | 1 EL Butter

1 geh. TL Dinkel-Vollkornmehl
300 ml Milch | ½ Bund Basilikum
1 Kugel Mozzarella
Außerdem:
Auflaufform (ca. 25 × 30 cm)
Olivenöl für die Form

Für 2 Personen | Zubereitung **25 Min.** | Backen **25 Min.**
Pro Portion ca. **640 kcal, 43 g EW, 44 g F, 14 g KH**

1 Lasagneblätter in ein Sieb abgießen, kalt abwaschen und abtropfen lassen. Kohlrabi putzen, schälen, in feine Scheiben hobeln und in kochendem Salzwasser ca. 5 Min. vorkochen. In ein Sieb abgießen und abtropfen lassen. Inzwischen die Zitronenhälfte heiß waschen, die Schale abreiben, 1 EL Saft auspressen. Das Lachsfilet kalt abwaschen, trocken tupfen und in 12 dünne Scheiben schneiden. Mit Zitronensaft beträufeln, salzen und pfeffern.

2 Die Butter zerlassen. Das Mehl einrühren und kurz anschwitzen, dann die Milch einrühren und unter ständigem Rühren aufkochen lassen, bis die Sauce andickt. Sauce mit Zitronenschale, Salz und Pfeffer würzen und bei schwacher Hitze unter gelegentlichem Rühren ca. 5 Min. köcheln lassen. Inzwischen den Backofen auf 200° vorheizen. Das Basilikum waschen und trocken schütteln. Die Blättchen abzupfen, fein hacken und unter die fertige Sauce rühren.

3 Mozzarella in 6 Scheiben schneiden. Die Form fetten. Nudelblätter zählen, es werden 18 Stück gebraucht. Blätter ggf. halbieren. Je 6 Blätter in die Form legen und mit je 1 EL Sauce bestreichen. Darauf ca. 3 Kohlrabischeiben, etwas Sauce, 1 Lachsscheibe, 1 Nudelblatt und etwas Sauce schichten, dann die Reihenfolge wiederholen. Jedes Türmchen mit 1 Mozzarellascheibe belegen. Im Ofen (Mitte) 20–25 Min. überbacken, aus dem Ofen holen und servieren.

SPARGEL-NUDELN
MIT ROTBARSCH

1 Packung Konjak-Spaghetti (250 g Abtropf-gewicht)
500 g grüner Spargel | 2 EL Butter
Saft und abgeriebene Schale von ½ Bio-Orange
100 g Ziegenfrischkäse
2 Rotbarschfilets (à ca. 200 g)
Salz | Pfeffer
½ TL getrockneter Thymian

raffiniert
kombiniert

Für 2 Personen
Zubereitung **15 Min.**
Pro Portion ca. **480 kcal, 48 g EW, 27 g F, 7 g KH**

----

1 Die Spaghetti in ein Sieb abgießen, kalt abwaschen und abtropfen lassen. Den Spargel waschen, im unteren Drittel schälen und in ca. 3 cm lange Stücke schneiden.

2 ½ EL Butter in einer Pfanne zerlassen. Den Spargel darin ca. 3 Min. anbraten und mit Orangensaft ablöschen. Orangenschale bis auf ½ TL mit dem Ziegenfrischkäse unterrühren. Dann die Spaghetti untermischen und in der Sauce erhitzen, bis der Fisch fertig ist.

3 Die Fischfilets kalt abwaschen, trocken tupfen, salzen und pfeffern. Die übrige Butter mit der beiseitegelegten Orangenschale und dem Thymian in einer Pfanne erhitzen, die Filets darin von beiden Seiten ca. 3 Min. anbraten.

4 Nudeln mit Salz und Pfeffer abschmecken und auf zwei Tellern mit dem Fisch anrichten. Mit der Orangen-Thymian-Butter beträufeln.

Die Autorin

Cora Wetzstein ist Ökotrophologin und Diätprofi. Für sie bedeutet Low Carb auf keinen Fall Verzicht auf gutes Essen. Konjak-Nudeln sind für sie eine gute Möglichkeit, Nudelglück und wenig Kohlenhydrate zu vereinen.

Die Fotografin

Vivi D'Angelo hegt eine Leidenschaft für gutes Essen und hat ein Händchen dafür, jedes Gericht im besten Licht zu präsentieren. Zusammen mit **Lena Merz** (Foodstyling) und **Victoria Clemm** (Foodstyling) verwandelte sie ihr Fotostudio in eine Nudeloase und zeigt, wie der Pastagenuss mit wenig Kohlenhydraten gelingt.

Bildnachweis

Titelfoto: Wolfgang Schardt; alle anderen Fotos: Vivi D'Angelo

Projektleitung: Jessica Kleppel
Lektorat: Susanne Bodensteiner
Korrektorat: Karin Leonhart
Innen- und Umschlaggestaltung: independent Medien-Design, Horst Moser, München
Illustrationen: Harold Lazaro, Backyard10, München; außer: S. 4, Nr. 5: Betti Zieger
Herstellung: Mendy Jost
Satz: Kösel, Krugzell
Reproduktion: Repro Ludwig, Zell am See
Druck und Bindung: Dimograf
Syndication:
www.seasons.agency
Ein Unternehmensbereich der StockFood GmbH, Tumblingerstr. 32, 80337 München, Tel: 089-7472020

1. Auflage 2016
ISBN 978-3-8338-5565-8
f www.facebook.com/gu.verlag

Qualitäts GU Garantie

Liebe Leserin, lieber Leser,

haben wir Ihre Erwartungen erfüllt? Sind Sie mit diesem Buch zufrieden? Haben Sie weitere Fragen zu diesem Thema? Wir freuen uns auf Ihre Rückmeldung, auf Lob, Kritik und Anregungen, damit wir für Sie immer besser werden können.

GRÄFE UND UNZER Verlag
Leserservice
Postfach 86 03 13
81630 München
E-Mail:
leserservice@graefe-und-unzer.de

Telefon: 00800 / 72 37 33 33*
Telefax: 00800 / 50 12 05 44*
Mo–Do: 9.00 – 17.00 Uhr
Fr: 9.00 – 16.00 Uhr
(* gebührenfrei in D, A, CH)

Ihr GRÄFE UND UNZER Verlag
Der erste Ratgeberverlag – seit 1722.

Backofenhinweis:
Die Backzeiten können je nach Herd variieren. Die Temperaturangaben in unseren Rezepten beziehen sich auf das Backen im Elektroherd mit Ober- und Unterhitze und können bei Gasherden oder Backen mit Umluft abweichen. Details entnehmen Sie bitte Ihrer Gebrauchsanweisung.

GRÄFE UND UNZER

Ein Unternehmen der
GANSKE VERLAGSGRUPPE

Appetit auf mehr?

Alle hier vorgestellten Bücher sind auch als eBook erhältlich.

Mehr von GU auf **www.gu.de** und
facebook.com/gu.verlag

Willkommen im Leben.

ÜBER DEN TELLERRAND

1 Teufelszeug In Ostasien wächst eine Pflanze namens Teufelszunge, die Österreicher nennen sie Tränenbaum. Botanisch gehört sie der Familie der Aronstabgewächse an. Ihre Wurzel, die bis zu einem Durchmesser von 25 cm anwächst, heißt aber nicht Teufelszungen- sondern Konjak-Wurzel. In Japan wird das aus der Wurzel gewonnene Mehl schon lange in der Lebensmittelindustrie als Verdickungsmittel eingesetzt. Es ist allerdings nicht zu verwechseln mit einem weiteren Lebensmittel, das ebenfalls unter bestimmten Umständen in die Rubrik »Teufelszeug« passt: Kognak – sprich ebenfalls Konjak; umgangssprachlich für Weinbrand. **2 Rekordverdächtig** Dank seiner Fähigkeit, das 50-fache des eigenen Gewichts an Wasser aufnehmen zu können, ist Konjak-Mehl der Weltmeister in Sachen Wasserbindungskapazität unter allen Naturprodukten. Darum steckt die Abnehmindustrie es gerne in Sättigungspillen, die vor dem Essen mit viel Wasser geschluckt werden, enorm aufquellen und so den Hunger stoppen sollen. **3 Weißer Wasserfall** Die Nudeln finden Sie auch unter der Bezeichnung Shirataki